AF562567

Hommage de l'auteur
H. Sauvage

ÉTUDES DIVERSES

V.

NOGENT-LE-ROTROU

ÉTUDE PHILOLOGIQUE SUR LA SIGNIFICATION ET L'ÉTYMOLOGIE DU NOM DE CETTE VILLE,

Par Hippolyte SAUVAGE

Membre de la Société des Antiquaires de Normandie.

RÉPONSE, PAR A. GOUVERNEUR.

Extrait du journal *Le Nogentais*.

NOGENT-LE-ROTROU

IMPRIMERIE DAUPELEY-GOUVERNEUR

1877

NOGENT-LE-ROTROU

ÉTUDE PHILOLOGIQUE

I.

Pendant les quelques mois que nous avons passés à Nogent-le-Rotrou, nous nous sommes fréquemment demandé quelle était l'étymologie et la signification du nom de cette localité. Après avoir feuilleté et lu les divers ouvrages historiques qui ont été publiés sur cette ville, aucun n'a satisfait notre légitime curiosité sur cette question fort délicate. Nous nous sommes donc vu dans la nécessité de faire appel à d'autres sources et voici ce que nous avons pu établir avec des données qui nous ont paru certaines et incontestables.

Tout d'abord, nous devons dire qu'en France, il y a plus de trente chefs-lieux d'arrondissement et de communes qui portent le nom de Nogent. Tous se distinguent par leurs affixes, c'est-à-dire par les spécifications particulières ajoutées au mot principal. Ainsi, pour n'en citer que quelques uns, nous trouvons Nogent-sur-Seine (Aube), Nogent-l'Abbesse (Marne), Nogent-sur-Othe (Aube), Nogent-le-Roi ou Roulebois (Eure-et-Loir), Nogent-le-Haut (Aube), Nogent-la-Fosse (Aisne), Nogent-l'Artaud (Aisne), Nogent-le-Bernard (Sarthe), Nogent-le-Petit (Aube), Nogent-le-Petit (Seine-et-Marne), Nogent-le-Phaye (Eure-et-Loir), Nogent-le-Sec (Eure), Nogent-lès-Montbard (Côte-d'Or), Nogent-les-Vierges (Oise), Nogent-sur-Aube (Aube), Nogent-sur-Eure (Eure-et-Loir), Nogent-sur-Loir (Sarthe), Nogent-sur-Marne (Aisne), Nogent-sur-Vernisson (Loiret), enfin Nogent-le-Grand, autrement le-Rotrou (Eure-et-Loir)[1]; c'est de ce dernier que nous voulons nous occuper aujourd'hui.

Or, étant donnée cette multiplicité de localités qui portent le même nom, il est permis d'en conclure à *priori* que toutes ont la même étymologie, la même origine et les mêmes principes.

Nous ne voulons pas nous occuper des affixes ou adjectifs qui caractérisent chacun de ces endroits. En ce qui

1. Voir le dictionnaire des Postes nationales.

concerne Nogent-le-Rotrou, personne n'ignore que cette gracieuse petite ville a été formée sous la protection puissante, et que son château a été construit au xe siècle, et longtemps possédé par une famille, dont les membres successifs avaient pour la plupart le prénom de Rotrou, à une époque où les noms de famille n'étaient pas encore héréditaires.

Plus tard, au XVIIe siècle, le nom de Béthune[1] a été donné à cette même ville, par flatterie pour le grand ministre, dont le souvenir y est perpétué par ses bienfaits et par ses pieuses fondations. Mais le surnom de Rotrou a constamment prévalu. Vouloir même désigner Nogent autrement que par cette spécification de Nogent-le-Rotrou, serait s'exposer aujourd'hui à ne pas être compris. L'affixe le Rotrou est incontestablement un dernier souvenir qui rappelle ces fiers barons, contemporains de Charlemagne et de ses fils, qui construisirent, comme des nids d'aigle, leurs inaccessibles donjons sur les crêtes et sur les sommets les plus escarpés, et qui, de là, défendirent longtemps les frontières des provinces qui étaient confiées à leur vigilance.

Sans nous préoccuper du rôle que Nogent-le-Rotrou a pu jouer à l'époque Gallo-Romaine, nous pouvons dire, sans crainte de commettre d'erreur, qu'il a été très-effacé auprès de celui qu'il a été appelé à remplir au moyen-âge et sous la féodalité. Nous allons plus loin, et nous osons dire que cette localité, en remontant ainsi jusqu'à Charlemagne et à ses successeurs, se donne d'assez beaux titres de noblesse, et qu'elle peut et doit savoir s'en trouver satisfaite.

Voyons maintenant quel nom lui assignent les chartes et les documents écrits que cette époque nous a transmis dans ce xe siècle et dans les suivants :

Nogent est constamment désigné sous les variantes suivantes, qui toutes sont empruntées à la langue romane, la seule que l'on ait parlée dans les actes publics jusqu'à François Ier; ce sont *Novigentum*, *Noviodunum*, *Castrum Nogioni*, *Nogentum*, *Novigentum Rotroci*, *Nogionum*, *Nogentum Rotrodi*[2]; c'est-à-dire, que nous avons relevé sept désignations différentes, qui peuvent être ramenées à quatre, savoir : *Novigentum*, *Noviodunum*, *Nogionum* et *Nogentum*.

---

1. L'épitaphe du tombeau de Maximilien de Béthune de Sully, dans la chapelle de la cour de l'Hôtel-Dieu de Nogent-le-Rotrou.

2. Fret. Chroniques percheronnes, t. III, p. 156. — M. Des Murs. Etudes historiques sur le château de Nogent-le-Rotrou. — Pitard. Etudes sur le Perche. — Thomassu. Recherches sur Nogent-le-Rotrou, etc. etc.

Or, dans toutes, nous remarquons comme radical le mot *no*, qui est l'abréviation, le diminutif du mot *noa, noda, nodula* de la basse latinité[1] ; de *now* en Gaulois, *noue* en Roman, *noffe* en Lorrain[2], et *nave* en langue Bretonne[3], *Noa* et *noda* est, du reste, le synonyme de *nava* en Espagnol[4], et de *noë*, *noue*, *nove* et *nave* que l'on retrouve constamment dans les plus anciens coutumiers français, pour désigner les lieux marécageux et les lieux propres à former de gras pâturages, les vallées prairiales arrosées par de généreux cours d'eau. En Normandie, l'on désigne encore, sous le nom de *noë*, la plupart des prairies qui avoisinent les rivières. Nous y connaissons des milliers de noës, qui sont toutes dans ces conditions. Ajoutons qu'il y a dans le département de l'Yonne deux ruisseaux nommés la Noue, qui se jettent, l'un dans l'Yonne, l'autre dans le Serain.

Ces faits nous étant connus, nous avons voulu consulter le célèbre dictionnaire de Ducange, publié sous le titre de *Glossarium mediæ et infimæ latinitatis*[5], et voici ce que nous y avons trouvé. Nous traduisons, afin d'être mieux compris du public que la question intéresse : « *noda*, *nodula*, synonyme de *noa*. Lieu propre aux pâturages et arrosé d'un cours d'eau. »

Ducange cite ensuite à l'appui de sa définition une fort ancienne charte publiée par Dom Lobineau[6], qui contient ces diverses variantes *noda, nodula*.

Il rencontre aussi dans Adrien de Valois[7] les mêmes locutions *noda, nota* et *noa*, que cet auteur traduit par *noue* et *noux*, à l'occasion de divers actes provenant de l'administration de l'illustre Suger, le sage conseiller du roi Louis VII.

Nous n'avons pas cru devoir nous en tenir à ces auteurs, et nous avons voulu consulter les curieux manuscrits de linguistique de la Bibliothèque nationale, et notamment le précieux et considérable glossaire inédit de La Curne de Sainte-Palaye[8]. Nous y avons trouvé au mot *noë* ou *noue* les indications suivantes, après qu'il

1. Ducange, Glossarium mediæ et infimæ latinitatis, v° noda.
2. Houzé. Etude sur les noms de lieux en France, p. 112.
3. De Tremaudam. Etymologies celto-bretonnes, p. 48.
4. Houzé, déjà cité, p. 8.
5. V° noda, fol. 1189.
6. Histoire du duché de Bretagne, t. II, col. 250.
7. Notice sur la Gaule, p. 413.
8. Diction. Histor. de l'ancien langage français ou glossaire de la langue française depuis son origine jusqu'à Louis XIV. Mss. fonds français, n° 1543, tom. 20.

nous a eu nommé, comme ayant traité le même sujet, Ménage[1], Cotgrave[2] et Ducange.

« L'arpent de pré, dit La Curne, vaut 10 sols tournois;
« l'arpent de noë 6 sols tournois[3].

« L'arpent de noë vaut 5 sols, si elle est d'aussi
« bonne valeur que bon pré ; auquel cas, elle s'estimeroit
« autant que ledit pré[4].

« L'arpent de pré sur rivière et à deux herbes vaut
« 10 sols l'arpent.

« L'arpent d'autre pré et à une herbe 5 sols; l'arpent
« de noë 2 sols 6 deniers tournois. — La journée de
« fauchage estimée à un demi arpent, soit en pré ou en
« noë, ne vaut qu'un prix de la moitié de l'arpent[5].

« Noë. Ce mot se trouve souvent reproduit dans le
« dénombrement de Montmorency, en l'année 1396 : il
« est pour environ 1/4 de noë, tenu à.... 11 deniers.

« Noue, dit enfin La Curne de Sainte-Palaye, se dit
« dans le pays, des prés et des herbages qui sont dans
« un fond entre deux montagnes. »

Justement nous faisons la remarque que la riche et fertile vallée de Nogent-le-Rotrou se trouve dans ces conditions, resserrée qu'elle est entre deux longues collines que surmontent, d'une part, son vieux castel avec son donjon ébréché, ses tours démantelées, et ses machicoulis que défient en vain les ravages des siècles ; d'autre part, ses vertes forêts de sapins, et ses bocages touffus et presque impénétrables, dont les ombres s'étendent au loin dans le Perche et presque jusqu'à la splendide forêt de Bellême.

N'oublions pas surtout que trois cours d'eau de force moyenne, l'Huisne, l'Arcisse et le Petit-Rhône, arrosent et sillonnent la riche vallée de Nogent.

Ajoutons même qu'il y a peu d'années encore les marécages faisaient invasion jusqu'au centre de la cité ; que la place du Champ-de-Foire, aujourd'hui rectangulaire et plantée de beaux arbres, était il y a à peine vingt ans un marais ; que des marais enserrent ses gracieuses promenades ; qu'elle a une longue rue qui porte le nom de rue des Prés ; que 1793 a démoli son église de Notre-Dame-du-Maraget ou plutôt Notre-Dame-du-Marais[6], dans la rue Saint-Laurent, là où s'est élevée depuis une Salle

1. Diction. étymologique français.
2. Glossaire sur les coutumes du Beauvoisis.
3. Ordonn. des rois de France, t. III, p. 203 et 514.
4. Coutumier général : noë, t. II, p. 217.
5. Coutumier général, t. II, p. 227.
6. Fret. Chroniques percheronnes.

d'asile; et qu'enfin Margon, l'une des communes les plus voisines de Nogent-le-Rotrou, n'a pas d'autre origine que les marécages[1] qui envahissent les pieds du coteau sur lequel est bâti son bourg.

No étant donc le radical des noms latins *Novigentum*, *Noviodunum*, *Nogionum* et *Nogentum*, alternativement donnés à Nogent, il ne reste plus qu'à déterminer le sens de la désinence de ces variantes.

Par l'élision de la syllabe *vi*, dans *Novigentum*, qui n'est que *novi*, obtenu par une simple transformation du masculin au lieu du féminin *novæ* et du *d* en *v*, ce qui se voit fréquemment, nous trouvons même les dénominations réduites à trois.

Dans chacune d'elles nous reconnaissons les mots *genus*, *generis*, *gentes*, *gentium*, que nous traduirons par *genre*, *famille*, *espèce*, *race*, *variété* de terres prairiales. Dès lors ces mots deviennent *Noæ-gentium*, *No-gentium*, *No-gentum*, *Noe-gent*, *No-gent*, *Nogent*, autrement lieu abondant en prairies et en noës, sol par excellence pour les pâturages.

Le territoire de Nogent appartient par son essence à ces terres fertiles en herbe fauchable. Il est remarquable par ses bons et beaux pacages, et cette ville n'a pas d'autre étymologie que celle que rappellent ces herbages renommés dans toute la contrée.

Disons du reste que, si la nature du fonds a souvent suffi pour déterminer les étymologies des noms de lieu au moyen-âge, lors de la formation de l'immense empire de Charlemagne, cent autres localités doivent, comme Nogent-le-Rotrou, leur origine et leur dénomination à leur situation au milieu de plantureux herbages. Ainsi, pour être complet, citons entre autres : No-aux-Bois (Nord), Nod-sur-Seine (Côte-d'Or), Nods (Doubs), Nodes (Charente-Inférieure), Noë (Haute-Garonne et Yonne), La Noé (Morbihan), Noellet (Maine-et-Loire), Les Noés (Aube), Les Noue (Seine-et-Oise), Les Noues (Doubs), Noueix (Haute-Vienne), Nouet (Gironde), Là Nouette (Eure et Aisne), Noaille (Loire), Noailles (Loire), Noaillac (Gironde), Noulhac (Lozère), Noards (Eure), Nouan-le-Fuzellier (Loir-et-Cher), Nouans (Sarthe), Nouâtre (Indre-et-Loire), Nouage (Ille-et-Vilaine), Nohan (Ardennes), Nouhant (Cher), Nouhant (Creuse), Nouhand (Haute-Vienne), Nouaille (Creuse), Navailles (Hautes-Pyrénées), Nouaillas (Haute-Vienne), Nouaillé

1. Marescus, mariscus, signifie marais, dans la basse latinité.

(Vienne), Nouaillette (Dordogne), Noye (Hautes-Pyrénées), Noyat (Aisne), Noyelle (Pas-de-Calais), Noyelles (Nord), Noyelette (Pas-de-Calais), Noyen (Sarthe), Noyant (Aisne) ; toutes les localités du nom de Noyent, et nous en transcririons au moins trente ; complétons notre nomenclature par Neuil (Indre-et-Loire), Neuilh (Hautes-Pyrénées), Neuillay-les-Bois (Indre), Neuillé (Maine-et-Loire) ; enfin tous les lieux du nom de Neuilly, avec leurs variantes innombrables[1].

Nous avons été un peu long dans nos explications étymologiques, parce que nous voulions démontrer d'une manière absolue combien notre conviction était solidement appuyée et avec quel sérieux examen nous l'avons établie. On nous permettra cependant de dire que nous savons parfaitement que les études philologiques sont encore peu approfondies. A ce propos, nous rappellerons une anecdote que nous avons lue quelque part et qui est assez piquante.

On raconte qu'un jour le cardinal de Forbin de Janson, rencontrant Boileau à la cour, lui demanda :

« Pourquoi vous appelez-vous Boi-leau et non pas Boi-vin?

— Et vous, Monseigneur, lui répondit celui-ci, pourquoi Jean-son et non Jean-farine? »

La riposte était un peu vive, mais prompte et heureuse.

En réalité, il n'y avait pas plus d'eau dans le nom du poète que de son dans celui du prélat.

Boileau est une forme de Belleau, dérivé de Bel, Le Bel, Le Beau. Quant à Jeanson, ou Janson, c'est un des nombreux dérivatifs de Jean, ainsi que Jeanne a formé Jeanneton et Jeannette.

On le voit par cet exemple, nos plus grands linguistes, nos maîtres en l'art d'écrire peuvent se trouver souvent dans l'incertitude la plus complète au sujet de la formation des mots les plus simples. Il y a beaucoup à faire encore dans l'étude de la linguistique et de notre littérature française.

A propos de Nogent-le-Rotrou, terminons cette dissertation philologique, qui nous a intéressé d'une manière toute particulière, en exprimant le regret de la suppression de nos dictionnaires modernes de ce mot *noë*, qui dans notre pensée indique une variante caractéristique dans la détermination des prairies et de leurs diverses essences. Disons qu'elle a été à tort sacrifiée, comme tant

---

1. Cocheris, origine et formation des noms de lieu, p. 21 et 22.

d'autres que nous retrouvons particulièrement dans les anciens poètes. Rappelons entre autres l'expression de Camuset[1], qui ne se retrouve plus et qu'un poète, né à Nogent-le-Rotrou, Remy Belleau, le contemporain de Ronsard et l'un des prédécesseurs de l'immortel Malherbe, employait avec infiniment de grâce et un charme inexprimable, dans deux rimes de ses Bergeries, qui doivent être chères à ses compatriotes :

.... les brebis camusettes
Tondent les herbes nouvelettes.

H. S.

RÉPONSE A LA QUESTION POSÉE.

Nous ne saurions tenter de faire assaut d'érudition avec notre honorable correspondant. Placé au centre des grands dépôts savants, M. Sauvage peut avoir à sa disposition les trésors de nos bibliothèques, et, sous ce rapport, nous avouons notre infériorité.

Pourtant, son aperçu sur le rôle historique de notre Nogent se ressent d'un examen trop superficiel du sujet, et nous aurions à relever plusieurs détails qui s'éloignent notablement de la vérité. Nous bornant à répondre à la question soulevée, à savoir l'étymologie du nom de Nogent, nous pensons encore que M. Sauvage a commis une erreur en faisant dériver Nogent de *noa, noda, nodula,* qui veut dire *noue* en effet, ce qui n'est ni contestable ni contesté par personne, mot resté d'ailleurs d'un usage commun dans le langage percheron. Et même, sans rien vouloir ajouter à l'étude que fait de ce terme notre correspondant, nous pourrons dire avec lui que le mot celtique *now* veut dire canal, fossé ; que l'on désigne encore dans notre Perche, sous le nom de *noue*, toute pièce de terre qu'une dépression du sol a permis de coucher en herbe. Eure-et-Loir compte trois hameaux qui ont conservé ce nom dans son intégrité : La Noue, Les Noues et La Nouelle ; les noms de famille : Noue, Delanoue, de Noailles, des Nouettes, ont également cette racine[2].

---

1. Camuset, diminutif de camus.
2. Voir M. Lefèvre, Dictionnaire géographique d'Eure-et-Loir.

Mais ce radical *noa, noda*, sur la signification duquel nous sommes complètement d'accord, doit-il s'appliquer à l'étymologie de Nogent? telle est la question qui nous occupe.

Pour désigner Nogent, nous trouvons en effet dans les chartes du moyen-âge les expressions suivantes : *in villa Noviento* (843) ; *villa Nugantus* (860) ; *Nogiomum* (ante an. 1030) ; *Nogiomi Castrum* (1031) ; *Castrum Nogenti* (1066) ; *Novigentum* (1109) ; *Noiomium* (1129) ; *Novigentum* (1141) ; *Nogentum* (1165 à 1220) ; *Novigentum Rotroci, Rotrodi, Rotroldi* et *Rotroudi* (1222 à 1318). « On trouve encore, *mais sans date*, dit M. Lefèvre, NOVIODUNUM et NOIODUNUM [1]. » En Français, Nogent s'appelle, avant le xe siècle, Nogent-le-Châtel, puis Nogent-le-Rotrou, du nom de ses seigneurs ; par acte de 1589, il prend le nom d'Enghien-le-François, titre du duché érigé en l'honneur d'Henri Ier, prince de Condé, pour devenir, en 1652, Nogent-le-Béthune, en faveur du petit-fils de Sully ; ce nom persiste jusqu'en 1778, époque à laquelle il redevient Nogent-le-Rotrou, puis Nogent-le-Républicain, par acte du 25 germinal an II (14 avril 1794), et de nouveau Nogent-le-Rotrou.

Voilà pour les noms divers portés par la ville de Nogent.

Son étymologie, nous la trouvons tout indiquée dans divers chroniqueurs percherons, René Courtin, Bry de la Clergerie, Odolent-Desnos, et notre correspondant semble l'avoir touchée de près en supposant, pour les besoins de sa cause, « l'élision de la syllabe *vi* dans *Novigentum*, qui n'est, dit-il, que *novi* obtenu par une simple transformation du masculin au lieu du féminin *novæ*... »

Pourquoi cette élision? Laissez le mot *novi* tout entier, et traduisez purement et simplement *novi gentum* (pour *gentium*), par « les nouveaux de la famille, de la nation, nouveaux venus, nouvelles gens, » donnant au mot *gens* ou *genus*, comme M. Sauvage lui-même, le sens de famille, race, etc.

Cette étymologie littérale, qui semble s'imposer d'elle-

---

1. Ces deux derniers noms, indiqués comme *sans date* par le savant chercheur, M. Lefèvre, trancheraient une grosse question qui a, pendant deux siècles, divisé nos plus fameux géographes, Sanson, d'Anville et autres, mais que n'a pas soupçonnée, nous le craignons, le patient rédacteur de l'annuaire d'Eure-et-Loir. Nous croyons pouvoir affirmer, pour notre compte, que jamais M. Lefèvre n'a rencontré, dans une charte authentique du moyen âge, les mots *Noviodunum* ou *Noiodunum* pour désigner notre Nogent. Il eût découvert du même coup la capitale des Diablintes indiquée par Ptolémée, et ce problème reste encore à résoudre.

même, sans suppression ni modification, est-elle du moins d'accord avec nos documents historiques? Nous allons essayer de le prouver par quelques lignes extraites d'un travail plus complet que nous préparons sur nos vieilles institutions percheronnes.

Au moment de la conquête des Gaules, le Perche était couvert d'immenses forêts s'étendant du pays des Carnutes jusqu'à celui des Aulerces-Cénomans, Diablintes et Eburons, c'est-à-dire couvrant le vaste périmètre compris entre Chartres, Evreux, Séez, Mayenne et Le Mans.

Aymoin, moine de l'abbaye de Fleury, qui vivait à la fin du xe siècle, dit, dans sa description de la Gaule, que la forêt du Perche est la plus belle du Royaume : *Sylvæ multæ, sed eminentior cœteris Perthicus*[1]. Et cependant, dès cette époque, la hache avait commencé son œuvre ; d'importants défrichements avaient été opérés pour fournir des terres de culture à de nombreuses peuplades qui étaient venues se fixer sur ces terrains conquis par le travail. « A mesure que cette vaste forêt est essartée, » et son emplacement déblayé, on voit surgir de nouvelles agglomérations. Le Dunois apparaît des premiers, et Châteaudun devient le centre d'un puissant comté. Près de lui, une autre portion du Perche forme un territoire qui prendra le nom de Perche-Gouet, du nom de Guillaume Gouët, l'un de ses seigneurs. Le Thimerais naît à son tour, puis le Corbonnais, le ressort de Nogent-le-Châtel, enfin le pays de Longny et le Bellesmois se taillent successivement un territoire aux dépens de la forêt morcelée.

Jour par jour, pour ainsi dire, se développe l'activité humaine sur les flancs de ces impénétrables solitudes ; sous les efforts des robustes pionniers, les récoltes couvrent ces terres improductives ; les nouveaux colons sentent dès lors le besoin de se donner une organisation civile ; ils auront des chefs, puis prendront part aux charges du pays, acquitteront le cens, *nova censa, noviacensis*[2] (nouvelles terres assujetties aux cens), puis *nova gens, Novigentum,* par syncope *Nogentum,* et enfin Nogent, dont le nom vient à travers les âges comme perpétuer la trace du labeur de nos aïeux.

Forcé d'abréger, disons qu'au vie siècle le comté de l'Hiesmois, dont le Perche faisait partie, se divisait en vicaireries ; les vicaireries en centenies, et celles-ci en decanies.

---

1. Notit. Gall. p. 443. — Odolent-Desnos, dissert. p. LVII.
2. Tributum, pensitatio ex agris et prædiis, dit Ducange.

Le territoire de Nogent formait, dès cette époque, une centenie, dont le chef-lieu portait le nom de Noviacensis (*nova censa* ou *novus census*[1]), terme dans lequel nous trouvons, comme nous venons de le dire, l'étymologie demandée.

Quoi qu'il en soit, nous remercions M. Sauvage de sa bienveillante collaboration, et nous serions heureux de voir ses patientes recherches profiter à notre histoire locale.

A. G.

1. V. Bry de la Clergerie, Odolent-Desnos, abbé Fret, etc.

II.

Justice a été faite depuis fort longtemps déjà de l'étymologie que mon honorable contradicteur, M. A. Gouverneur, a cru devoir adopter du mot Nogent.

Nous croyons pouvoir lui dire que cette interprétation remonte jusqu'au XVIe siècle, et qu'elle a été produite pour la première fois par un savant prélat, Robert Cenalis ou Cenau, évêque d'Avranches (de 1532 à 1560), dont les manuscrits sont en partie à la Bibliothèque nationale. Surchargé d'érudition, cet illustre docteur voulait tout reporter à la langue hébraïque, et, avec un talent d'imagination dont on se rend difficilement compte, il s'ingénia à trouver à tout ce qui ne rentrait pas dans son système des aperçus fort ingénieux à coup sûr. C'est lui qui a créé ce mot *Noviacensis* que rappelle M. Gouverneur, et qui a été accepté et reproduit ensuite par René Courtin, que Bry de La Clergerie n'a guère fait que copier, et, plus tard, par Odolant-Desnos.

Mais, depuis ces divers historiens, la science a fait des progrès immenses, et les études philologiques ont procédé par d'autres moyens. C'est par l'analyse synthétique des noms véritables, sérieux et incontestables des localités qu'elles ont agi. Elles ont recherché dans les écrits anciens et dans les chartes antiques les traditions que nous avaient transmises les générations passées. De même que l'a fait M. Gouverneur pour Nogent-le-Rotrou, elles ont dressé, par succession de siècles, le bilan de chacune de nos plus vieilles cités.

Or, dans ce tableau que M. Gouverneur a eu la bonté de nous indiquer, depuis l'année 843 de l'ère chrétienne jusqu'à l'an 1318, c'est-à-dire dans un intervalle de près de cinq cents ans, pendant lesquels la langue romane a été seule usuelle, le nom de *Noviacensis* n'a jamais été donné, dans aucun acte, à notre ville de Nogent-le-Rotrou. Il n'est donc pas possible de l'admettre dans cette nomenclature, et force nous est de dire que *Noviacensis* est de pure fantaisie, et qu'il a été créé par les archéologues qui ont voulu faire céder la science à leurs volontés.

D'ailleurs, chercher à voir dans les mots *novus census* et *nova censa* l'étoffe du mot Nogent, en le faisant passer par les mots *Novigentum* et *Nogentum*, c'est forcer outre mesure le sens littéral des mots. Car enfin, dans les siècles les plus reculés de la monarchie française, toutes les contrées dont se composaient notre vieille nationalité payaient le cens, c'est-à-dire l'impôt *census*. On ne saurait donc admettre comment et pourquoi les peuplades de Nogent, de préférence à toute autre localité, se seraient caractérisées, c'est-à-dire inféodées de l'appellation de nouveaux censitaires, de nouveaux venus payant le cens.

Personne ne contestera que ce pays n'ait été abrité sous les épais ombrages d'une immense forêt. Il a cela de commun avec bien d'autres provinces. La Gaule, presque tout entière, a été couverte autrefois de forêts très-vastes et presqu'impénétrables ; mais, encore une fois, rien d'exceptionnel ne saurait être admis au profit de Nogent-le-Rotrou.

Ce qui nous a déterminé dans l'étymologie que nous avons donnée de son sol fertile en prairies, c'est la concordance qui existe entre cent localités différentes, disséminées sur toutes les surfaces de nos départements, et dont les noms ne forment que des variantes plus ou moins rapprochées du mot Nogent. Nous avions pensé que cette abondance de documents suffirait pour convaincre les lecteurs du *Nogentais* de notre désir si désintéressé d'arriver à connaître la vérité. Un doute s'est élevé, une objection nous a été faite, et, de suite, nous avons voulu étudier de nouveau cette question de philologie qui nous paraissait fort intéressante.

Nous ne voulons, pour y répondre, qu'établir ici quelques termes de comparaison.

Tout auprès de Nogent-le-Rotrou et presqu'aux portes de cette ville, dans le département de la Sarthe, nous rencontrons Nogent-le-Bernard, puis Nogent-sur-Loir, Noyen, Nouans et Néau. Ces localités nous diront si elles n'appartiennent pas, aussi bien que toutes celles que nous avons précédemment citées, à une même famille étymologique, et, par suite, si elles n'ont pas la même origine.

Voici les noms anciens de ces localités :

NOGENT-LE-BERNARD.

Novigentum (années 1097-1125). Analecta Mabillonis, 319.
Nogentum Bernardi (vers 1186). Analect. id. 231.
Id. (1191-1202). Livre blanc de l'église du Mans, n° XXV, p. 14.
Id. (1218-1232). N° LXXIV, p. 39. — N° DXLII, p. 336.
Nogens Bernardi. Etat du luminaire du Mans.

NOGENT-SUR-LOIR.

Nogintum (année 616).
Locella de Nogento, gesta pontif. cenoman. 39. — Analecta Mabillonis, 259.
Nogentum super Lidum. Cartular. Culturæ, *index*.
Nogens super Lidum. Etat du luminaire du Mans

NOYEN.

Novionum (IVe siècle), gest. pont. cenom. 17. — Analecta Mabillonis, 241.
Novionum (année 802). Gest., n° 82. — Anal., n° 299.
Id. (année 832). Gesta. Aldrici, 14. — Baluze, 31.
Id. (vers 1050). Amplissima collect. Martenii, 1, 419.
Noviomensis parochia (année 1097). Ampliss. coll. 1, 566.
Nimiacus (sous Charles le Chauve). Rec. des Hist. de la France, VIII, 495. — Titres, mss. de Saint-Florent.
Novihoinum (1206). Cartularium Sancti Vincentii, 103.
Noemium (1230). Livre blanc déjà cité, 50.
Noemum super Sartam. Id. 117.
Noyennum juxta Sartam (1547). Insinuations ecclésiastiques du Mans. — Etat du luminaire.

NOUANS.

Noentum (année 1060). Ampl. coll. 1, 454.
De Noento (1090). Id. 1, 533.
Noentium (XIIe siècle). Cartular. Sancti Vincentii, 93.

NÉAU.

Nogiogilum (616). Gest. pont. cenom. analecta.
Nojolium (vers 834). Gesta Sancti Aldrici, 24. — Miscellanea Baluzii, 61.
Nyel. Instrum. eccles. cenom. LXIX.
Noel (1218). Cartular. Ebroniense.
Nigellus (1218). Notice hist. sur Evron, p. 148.
Nogillum. Etat du luminaire.

Nous le répétons, l'œil le moins exercé reconnaît dans l'examen de tous ces noms une même famille, une commune origine et une seule étymologie, emportant avec elle sa propre signification,

Ce n'est partout que le même mot *No-gentium*, *Nogentum*, avec quelques modifications, quelques variantes à peine apparentes et presqu'imperceptibles, et partout le radical *noa*, *noda*, de la basse latinité, est transparent. Aussi, nos philologues contemporains sont-ils unanimes à voir dans Nogent, et dans tous ses dérivatifs, des localités fertiles en prairies et d'une grande richesse pour la flore champêtre.

H. S.

RÉPONSE.

Nos explications n'ont pas été suffisantes, paraît-il, pour convaincre notre honorable contradicteur; il nous attire sur le terrain purement philologique. Nous l'y suivrons, malgré notre incompétence, et nous lui prouverons, par l'opinion même des maîtres de la philologie qu'il se plaît à invoquer, que non-seulement « justice n'est point faite depuis longtemps de notre étymologie », mais qu'elle reste le dernier mot de nos philologues modernes.

M. Sauvage nous donne une longue liste de noms dans lesquels il retrouve sa racine favorite, ce qui laisserait supposer que chacune de ces villes possède au moins un pied dans le marais, *in noâ, nodulâ*, et de cette situation, qu'il lui serait peut-être difficile de vérifier, il en tire une induction favorable à sa thèse. Si, à défaut de connaître les lieux dont il nous donne le tableau, nous ne sortons pas de notre ville, nous verrons que la situation même du vieux Nogent renverse tout l'échafaudage étymologique de M. S., et que l'application de la racine *noa, nodula*, ne saurait vraisemblablement s'adresser à une localité placée sur une éminence. Or, d'après les documents les plus authentiques, d'après tous nos chroniqueurs, Nogent, portant déjà le nom latin de *Novigentum, Nogentum,* était primitivement construit loin de la vallée, autour de son château, sur le plateau même du mont où se dresse encore la vieille forteresse. Plus tard, à partir seulement du IXe ou Xe siècle, la ville s'étendit successivement sur la pente de la montagne, se reliant au bourg de Saint-Denis, qui en fut longtemps séparé. Aux flancs de la colline, naquit le Bourg-le-Comte, indiqué par la rue qui a conservé son nom. Enfin ces agglomérations se réunissant à celle qui s'était formée autour de l'église Saint-Laurent, puis se reliant à l'église Saint-Hilaire par la rue du Bourg-Neuf (Saint-Hilaire), longeant le chemin de Paris par la rue de la Chaussée (Giroust, Saint-Martin), finirent par former la ville actuelle.

Le premier emplacement de notre *Novigentum* est donc une montagne, sise à 60 mètres au-dessus du niveau de la vallée, sur laquelle l'eau est fort rare (les puits y atteignent une profondeur de 150 pieds), et la racine qui aurait voulu en faire *la ville des marais* (plus judicieusement donnée à la ville actuelle), serait fort improprement appliquée au Nogent-le-Chastel des premiers siècles.

Nous avouons ne pas attacher d'importance au mot *Noviacensis*, dont la paternité, d'après M. S., reviendrait au savant prélat d'Avranches, qui vivait à une époque où la philologie n'était guère en honneur. Ce nom, que bon nombre d'auteurs appliquent à une centenie dont Nogent aurait été le centre, n'a aucune influence sur le radical de *Novigentum*, qui, lui, n'a jamais varié.

Mais si, comme linguiste, notre honorable correspondant répudie, non sans raison, des sources aussi lointaines, nous allons lui apporter un secours tout moderne : c'est l'ouvrage de M. Louriou, qui, dans les mémoires de la Société historique du Cher[1], a essayé d'établir les étymologies de Genabum, de Gergovia et de *Noviodunum*, dont la racine est commune avec celle de *Novigentum*, M. S. le reconnaît avec nous.

Le savant Berrichon, lui aussi, n'était pas éloigné de rattacher l'origine de *Noviodunum* au *noa* ou *nodula* de M. Sauvage. Vous voyez, cher correspondant, que nous vous prêtons des armes qui datent d'hier !

Malheureusement son opinion a été victorieusement réfutée par les savants les plus compétents, par Zeuss lui-même, le créateur de la philologie moderne, dans sa *Grammatica celtica* (p. 68), puis ensuite par M. d'Arbois de Jubainville, un maître encore dans la science, qui s'exprime ainsi, en analysant l'ouvrage de M. Louriou[2] :

« Quant à ce qui est de *Noviodunum*, c'est un mot dont le sens nous paraît bien établi ; c'est le « fort neuf, » la « ville neuve. » Telle est l'opinion de Zeuss, et elle nous semble suffisamment justifiée par les développements où est entré ce savant à jamais regrettable. M. L. prouve fort bien que la racine dont le mot français dérive existe dans les langues celtiques, mais il ne s'ensuit pas de là qu'on doive adopter pour le nom de lieu gaulois le sens compliqué que le savant de Bourges propose de substituer au sens *si naturel* indiqué par le savant allemand..... »

On comprendra qu'après une opinion aussi nettement formulée, émanant des maîtres de la science, il ne nous reste pas un mot à ajouter, et que la conséquence est facile à tirer.

---

1. Bourges, Jollet, 1868, in-8°, 44 p.
2. Revue Critique d'histoire et de littérature, n° du 21 novembre 1868.

Disons encore que notre contradicteur, qui, tenant à sa racine, semble la retrouver un peu partout, n'est pas plus heureux quand il veut l'appliquer au nom de *Margon*, à cause des marais qui s'étendent aux pieds de cette charmante église. Margon vient purement et simplement de *Margo*, nom latin, et du latin d'Ovide, qui veut dire *bord*, *borne*, attendu qu'au XIe siècle, Margon faisait partie de la vicomté de Dunois, dont elle était la limite, la dernière paroisse. Que si M. S. préférait une étymologie tirée de la nature même des lieux, il reconnaîtrait avec nous que Margon est placé comme une *borne* au *bord* d'un contrefort escarpé séparant les deux vallées de l'Huisne et de la Cloche, qui viennent se réunir à ses pieds. Impossible, de ce côté encore, de trouver à placer la racine *noa* ou *nodula*.

Nous espérons que, grâce à l'arrêt prononcé par Zeuss et M. d'Arbois de Jubainville, le patient chercheur qui a soulevé cette petite discussion sera dorénavant fixé sur l'étymologie de Nogent, et nous croyons qu'il est temps de ne plus abuser de la patience du lecteur bienveillant.

Nogent-le-Rotrou, imprimerie DAUPELEY-GOUVERNEUR.

www.ingramcontent.com/pod-product-compliance
Lightning Source LLC
LaVergne TN
LVHW010316230826
846091LV00009B/3692

9782019214043